INHALT

Vorabinformationen zum Buch

In unserer hektischen Zeit scheint es zusehends schwerer, sich konstant gesund zu ernähren. Die alltäglichen Pflichten und Aufgaben vereinnahmen und beanspruchen gleichermaßen, sodass der Griff zu fertigen Speisen leichter fällt und ein Kochrezept die Kriterien *Schnell & Einfach* erfüllen muss. *Gesund* steht im Alltagsstress nicht immer ganz oben auf der Prioritätsliste, auch, wenn es das sollte – immerhin kann man mit einer ausgewogenen Ernährung seine eigene Gesundheit nicht unerheblich unterstützen.
In dem Zeitalter der chronischen Krankheiten und des Krebses etwas, das nach wie vor von unterschätztem Wert ist.

Mittlerweile gibt es unzählige Diäten auf dem Markt, die alle vor allem eines versprechen: *das schnelle Wunder vom Traumkörper.*
Die Maßnahmen, diesen zu erlangen, sind dabei meist

drastisch und darin vor allem in den Anfangszeiten von sichtbarem Erfolg gekrönt, doch langfristig lassen sich die wenigsten Diäten halten. Dass man danach dem sogenannten JoJo-Effekt erliegt, liegt meist daran, dass zu wenig über langfristige Ernährungsumstellung und gesundes Kochen informiert wurde und wie wichtig das tatsächlich für das Gelingen ist.

Das Dampfgaren eignet sich explizit – aber nicht nur - für alle Menschen, mit wenig Zeit an ihren Händen und jene, die sich bewusster ernähren möchten und körperliche Ziele damit verfolgen. In dieser expliziten Kochbuchserie habe ich mich auf kalorienreduzierte, gesunde und schnelle Gerichte konzentriert, die sich allesamt gut in den Alltag integrieren lassen.

Sie sollen eine Alternative zu den schnellen Gerichten bieten und frischen Wind in Ihre Küche bringen. Denn Sie werden sehen: das Dampfgaren ist in seinem Zeitsparen bestens geeignet, um gesunde Ernährung langfristig möglich zu machen – ganz gleich ob nach einer Diät, weil Sie etwas Neues ausprobieren möchten, weil

Sie Ihre Ernährung grundlegend umstellen, oder weil Sie einfach Ihre Küche ergänzen möchten.

Das Dampfgaren ist für Jedermann und ich hoffe, dass Sie viel Spaß mit den Gerichten haben werden.

Ihre Nora Winter

Eine kleine Einleitung

Jeder, der Wert auf eine schonende Zubereitung seiner Speisen legt, hat sicher schon mal irgendetwas von Dünsten oder Garen gehört. Die traurige Wahrheit ist: Beim klassischen Kochen im Kochtopf gehen eine Großteil der in der Nahrung vorhandenen, wertvollen Inhaltsstoffe (Mikronährstoffe) verloren. Dies gilt maßgeblich für Vitamine, Mineralstoffe und Spurenelemente. Vor allem die Zubereitung von Gemüse ist vor diesem Hintergrund als kritisch anzusehen.

Dabei besteht aber eine zwingende Notwendigkeit für einige Gemüsesorten, diese vom rohen Zustand aus mit heißer Flüssigkeit zu behandeln, um sie für die Nahrungsaufnahme bekömmlich zu machen. Das ist damit nicht nur eine Frage des Geschmacks, denn einige Inhaltsstoffe werden durch die Zubereitung in Form von Kochen, Garen, oder Dünsten erst für den Organismus biologisch verfügbar.

Niemand würde beispielsweise auf die Idee kommen, eine frisch aus dem Garten geerntete Kartoffel roh zu verzehren!

Für manche Nahrungsmittel führt somit kein Weg an eine der drei genannten Varianten vorbei.

Es gilt also an dieser Stelle folgerichtig zu entscheiden, welche Zubereitungsvariante ausgewählt wird. Noch viel wichtiger ist die Fragestellung:

Welche Zubereitungsmethode ist für mein Gemüse am nährstofffreundlichsten?

An dieser Stelle gibt es wie so oft bei Themen, welche sich mit der menschlichen Ernährung auseinandersetzen, keine eindeutige oder allgemeingültige Aussage.

Nährstofffreundliche Zubereitung mit dem Dampfgarer

Ziemlich sicher ist aber, dass das Garen dem Kochen in puncto Erhalt von Nährstoffen eindeutig vorzuziehen ist! Schließlich gibt es in der Küche drei Gegenspieler für die eingangs genannten wichtigen Vitamine, Mineralstoffe & Co:

- Viel Flüssigkeit
- Hohe Temperaturen
- Lange Koch-/ Garzeiten

Konkret bedeutet das: Je länger das Nahrungsmittel, vornehmlich das Gemüse, mit hohen Temperaturen und viel Flüssigkeit zubereitet wird, desto mehr Inhaltstoffe gehen verloren. Im Wesentlichen sind dafür zwei Mechanismen verantwortlich:

Einige Mikronährstoffe, vor allem Vitamine, werden durch hohe Temperaturen regelrecht zerstört.

Einige Mikronährstoffe, vor allem Mineralstoffe, lösen sich im Wasser und befinden sich damit in der Koch- bzw. Garflüssigkeit. Diese landet meist unbenutzt im Abflussbecken – damit werden die Nährstoffe direkt mit heruntergespült.

Wie eingangs beschrieben, ist die Zubereitung mit heißer Flüssigkeit für viele Nahrungsmittel unumgänglich. Es ist aber möglich, dabei „Schadensbegrenzung" hinsichtlich eines Nährstoffverlustes zu betreiben. Die Abhilfe schafft hier das Dampfgaren. Für viele wird sich dies zunächst umständlich anhören. Die gute Nachricht ist aber, dass dies auf ganz einfachem Wege möglich ist, nämlich mit Hilfe eines Mikrowellen-Dampfgarers.

Diesbezüglich existieren zahlreiche Geräte am Markt.

Wer bereits solch ein Gerät besitzt, der darf an dieser Stelle beglückwünscht werden, denn diese Form der Zubereitung zählt zu den nährstofffreundlichsten

Methoden. Alternativ ist aber auch das Garen im Kochtopf mit Siebeinsatz möglich.

Die Vorteile des Dampfgarens liegen auf der Hand:

Gesündere Speisen:

Das Nahrungsmittel wird nicht vollständig von Flüssigkeit umgeben, sondern sozusagen indirekt durch den aufsteigenden Dampf gegart, Dadurch werden wesentlich weniger Nährstoffe aus dem Nahrungsmittel in Flüssigkeit gelöst bzw. herausgespült.

Beim Garen der Mikrowelle werden die Nahrungsmittel auf zwei Wegen gleichzeitig gegart. Zum einen durch die Mikrowellen selbst, welche die Wassermoleküle in den Zellwänden rotieren lassen, wodurch Wärme entsteht – keine Sorge, die Mikronährstoffe werden durch die Mikrowellen *nachweislich* nicht zerstört. Zum anderen durch die erhitzte Flüssigkeit aus dem Behälter. Damit kommen die Nahrungsmittel gegenüber dem

„klassischen" Garen im Topf mit noch weniger Flüssigkeit in Kontakt.

Geschmackvollere Speisen:

Gleiches gilt auch für die in der Nahrung enthaltenen Geschmacksstoffe. Diese werden beim Kochen, abhängig vom Nahrungsmittel, ebenfalls zu einem gewissen Teil herausgespült. Bleiben diese im Nahrungsmittel, wird das Geschmackserlebnis intensiviert.

Viele Menschen erzeugen Geschmack durch die Zugabe von Salz. Wer sich bereits mit diesem Thema beschäftigt hat weiß, dass eine zu hohe tägliche Salzaufnahme nachteilig sein kann. Mehr Grundgeschmack im Nahrungsmittel heißt also für viele, weniger Salz zu verwenden

Einfachere Zubereitung:

Nahrungsmittel zurecht schneiden, in den Garbehälter legen, Wasserbehälter mit Flüssigkeit befüllen, ab in die Mikrowelle. Fertig. So die richtige Garzeit bekannt ist, muss nichts weiter unternommen werden. Statt ständig im Topf zu rühren, kann die Zeit anderweitig genutzt werden.

Je nach Gerät und Rezept können teilweise komplette Speisen für mehrere Personen zubereitet werden

Energieeffizientere Zubereitung:

Wer nicht gerade mit einem Induktionsherd kocht, wird beim Garen in der Mikrowelle deutlich weniger Energie benötigen. Schuld ist der verhältnismäßig schlechte Wirkungsgrad eines herkömmlichen Kochfeldes.

Wichtig ist es wie bei allen Zubereitungsmethoden, die Gar- bzw. Kochzeit im Auge zu behalten und das Nahrungsmittel nur so lange mit heißer Flüssigkeit bzw. Dampf zu kontaktieren, wie es wirklich notwendig ist. Deshalb sind zu allen Rezepten die entsprechenden Garzeiten notiert – damit steht dem Kochen mit dem Dampfgarer in der Mikrowelle nichts mehr im Weg!

Noch ein paar Tipps und Anmerkungen bevor es losgehen kann

Die notierten Garzeiten sind als Richtwerte anzusehen. Abhängig vom persönlichen Geschmack und der Größe der verwendeten Zutaten kann die Garzeit variieren bzw. angepasst werden.

Die Garzeit kann auch abhängig vom verwendeten Dampfgarer leicht variieren.

Diesbezüglich eignet sich folgendes Vorgehen für ein optimales Ergebnis: Prüfen Sie am besten wenige Minuten vor Ende des Dämpfvorgangs den Garfortschritt des Lebensmittels – Vorsicht, sehr heiß! – und versuchen Sie abzuschätzen, ob das Lebensmittel nach Ende der Stehzeit die gewünschte Konsistenz haben könnte. Für jede Unterbrechung des Garvorgangs und den damit verbundenen Wärmeverlusten verlängern sie die Dämpfzeit einfach um eine Minute (bezogen auf Mikrowellen-Dampfgaren). Bereits nach wenigen

Garvorgängen entwickeln Sie somit ein Gefühl dafür, ob die in diesem Buch angegebenen Garzeiten auch auf Ihr Gerät zutreffen oder ob mit Abweichungen zu rechnen ist.

Generell gilt, je feiner die Zutaten zerkleinert bzw. geschnitten werden, desto kürzer fällt die Garzeit aus.

Viele Mikrowellen-Dampfgarer sind bezüglich der Mikrowellenleistung beschränkt. Es gilt immer darauf zu achten, dass das jeweilige Gerät nicht überbeansprucht wird.

Selbiges gilt für maximale Garzeit und die maximale Einfüllmenge für Wasser und Zutaten. Bitte auch hier vor Inbetriebnahme des Dampfgarers diese Punkte prüfen.

EINGELEGTES GEMÜSE

Vorbereitungszeit: 15 Minuten

ca. 100 kcal/ p. P. (ohne Öl)

Zutaten, für 4 Personen:

Je 1 rote, grüne und gelbe Paprika

1 Zucchini, mittelgroß

1 Zwiebel, groß

1 Zitrone, unbehandelt (am besten Bio-Ware)

2 Knoblauchzehen

300 ml Olivenöl

Salz, Zucker

Zubereitung:

Paprika waschen, entkernen und halbieren

Zucchini waschen und der Länge nach in Scheiben schneiden

Zwiebel in Ringe schneiden

Paprika in den Dämpfaufsatz geben

Zucchinischeiben und Zwiebelringe zwischen die Paprikahälften geben

Den Wasserbehälter mit 400ml Wasser füllen, bei 600 Watt 15 Minuten garen, 10 Minuten ruhen lassen

Zwischenzeitlich die Zitrone dünn abschälen und auspressen

Knoblauch in Scheiben schneiden

Olivenöl nun mit etwas Zucker, Knoblauch, Zitronensaft und Zitronenschale vermischen

Das fertige Gemüse etwas Salzen und in ein dichtschließendes Behältnis geben (ca. 1,5 Liter Volumen)

Mit der Ölmischung übergeben

2 Tage ziehen lassen

Vor dem Verzehr gut abtropfen lassen, dadurch wird der Großteil der Marinade nicht verzehrt.

Chicorée pikant gefüllt, mit Wallnuss-Marinade

Vorbereitungszeit: 10 Minuten

ca. 250 kcal/ p. P.

Zutaten, für 4 Personen:

2 Chicorée

1 Zitrone, unbehandelt

1 Paprika, rot

200 g Frischkäse, nach Belieben aus Kuh -oder Ziegenmilch

Pfeffer, Salz

Für die Marinade:

30 g Walnüsse

3 EL Walnussöl

2 EL weißer Balsamico-Essig

½ TL Honig

Pfeffer, Salz

Zubereitung:

Chicorée längs halbieren und das Innere großzügig entfernen

Zitronen auspressen und den Zitronensaft auf die Chicorées träufeln

Frischkäse mit einem Teelöffel auf die Chicoréehälften verteilen

Paprika in Streifen schneiden und ebenfalls darauf verteilen

Nebeneinander in den Dämpfaufsatz setzen und würzen

Den Wasserbehälter mit 400 ml Wasser füllen, bei 600 Watt 12 Minuten garen, 10 Minuten ruhen lassen

Für die Marinade:

Walnüsse fein zerhacken

Mit den übrigen Zutaten mischen und pikant abschmecken

Über die Chicorée geben und sofort servieren

Blumenkohl-Soufflé

Vorbereitungszeit: 15 Minuten

ca. 170 kcal/ p. P.

Zutaten, für 4 Personen:

300 g Blumenkohl

100g Couscous (Instant)

50 g Emmentaler, gerieben

3 Eier

1 Paprika, rot

3 TL Gemüsebrühe

Pfeffer, Salz

Butter zum Einfetten

Zubereitung:

Blumenkohl waschen und in gleichgroße Röschen teilen

In den Dämpfaufsatz legen, Wasserbehälter mit 400 ml Wasser füllen, bei 600 Watt 15 Minuten garen, 10 Minuten ruhen lassen

Blumenkohl nach der Stehzeit pürieren

Von der Garflüssigkeit 300 ml abmessen, aufkochen und Gemüsebrühe einrühren

Couscous unterrühren und quellen lassen

Paprika waschen und fein würfeln

Blumenkohlpüree mit Couscous, Paprika und Käse verrühren

Eier unterrühren und würzen

Masse auf 8 bis 10 eingefettete Förmchen verteilen

In den Dämpfaufsatz stellen, Wasserbehälter mit 400 ml Wasser füllen und bei 600 Watt 15 Minuten garen, 10 Minuten ruhen lassen

Förmchen im Anschluss stürzen und servieren

Blattspinat-Wickel

Vorbereitungszeit: 10 Minuten

ca. 400 kcal/ p. P.

Zutaten, für 3 Personen:

600 g Feta, leicht

16 - 20 Blatt Spinat

Pfeffer, Salz, Muskat

Zubereitung:

Blattspinat in reichlich Salzwasser blanchieren

Abschrecken und die einzelnen Blätter trocken tupfen

Schafskäse in vier gleich große Stücke teilen

Nach Bedarf jeweils 4 bis 5 Spinatblätter leicht überlappend auf ein Brettchen legen

Nach Belieben würzen, mit Schafskäse belegen und einwickeln

Herumdrehen, sodass die „Naht“ nach unten zeigt

So in den Dämpfaufsatz legen

Den Wasserbehälter mit 400ml Wasser füllen, bei 600 Watt 10 Minuten garen, 10 Minuten ruhen lassen

Dazu eignet sich ein frisches Fladenbrot

BAGUETTE MIT PILZAUFLAGE

Vorbereitungszeit: 10 Minuten

ca. 410 kcal/ p. P.

Zutaten, für 4 Personen:

600g frische Pilze (Champignons, Steinpilze, Austernpilze, etc.)

200 g „Soja fit Crème“ (9 % Fett)

150 g Emmentaler

4 Baguettebrötchen

2 Knoblauchzehen

2 Rosmarinzweige

½ Bund Frühlingszwiebel

½ Bund Petersilie

Pfeffer, Salz

Zubereitung:

Pilze putzen, das Ende des Steils entfernen und in gleichgroße Stücke schneiden

Frühlingszwiebeln putzen und in Ringe schneiden

Knoblauch in dünne Scheiben schneiden

Alles zusammen in den Dämpfaufsatz legen, den Wasserbehälter mit 350 ml Wasser füllen, bei 600 Watt 13 Minuten garen, 10 Minuten ruhen lassen

Zwischenzeitlich Petersilie waschen, trocknen und fein zerkleinern

Emmentaler reiben

Nach der Stehzeit die Rosmarinzweige entfernen

Pilze und Frühlingszwiebeln mit Soja Crème, Emmentaler und Petersilie vermischen

Auf den frisch gerösteten Baguettes servieren

ROMANESCO-BROKKOLI-SALAT MIT KRÄUTER-DRESSING

Vorbereitungszeit: 10 Minuten

ca. 220 kcal/ p. P

Zutaten, für 4 Personen:

400 g Brokkoli (alternativ Blumenkohl)

400 g Romanesco

Für das Dressing:

1 Zwiebel, mittelgroß, rot

4 EL Olivenöl

4 EL Wasser

3-4 EL Weißweinessig

1 TL scharfer Senf

1 TL Honig

Kräuter nach Belieben (Schnittlauch, Petersilie, Basilikum,…)

Optional zum Garnieren: 2 EL Mandelblättchen

Zubereitung:

Brokkoli und Romanesco abwaschen

Den Strunk entfernen und in Röschen teilen

Im Dämpfaufsatz verteilen, den Wasserbehälter mit 400 ml Wasser füllen, bei 600 Watt 12 Minuten garen, 10 Minuten ruhen lassen

Zwischenzeitlich die Zwiebel schälen und gemeinsam mit den Kräutern fein zerkleinern

Öl, Essig, Wasser, Senf und Honig vermischen

Zwiebel-Kräuter-Mischung zugeben

Das Dressing über das noch warme Gemüse geben und ein paar Minuten ziehen lassen

Mandelblättchen ohne Fettzugabe leicht anrösten und damit den Salat bestreuen

Raffinierter Spargelsalat

Vorbereitungszeit: 15 Minuten

ca. 280 kcal/ p. P.

Zutaten, für 3 Personen:

500 g Spargel

200 g Zuckerschoten

100 g Schinken, mager

2 Frühlingszwiebeln

Für die Marinade:

3 EL Rapsöl

3 EL Weißweinessig

2 EL Wasser

½ Bund Schnittlauch

Ein Spritzer Zitronensaft

Pfeffer Salz

Zubereitung:

Spargelstangen schälen und in Stücke schneiden

Frühlingszwiebeln in Ringe schneiden

Gemüse im Dämpfaufsatz verteilen, den Wasserbehälter mit 400 ml Wasser füllen, bei 600 Watt 12 Minuten garen, 10 Minuten ruhen lassen

Schinken in feine Streifen schneiden und nach der Stehzeit zum Gemüse geben

Für die Marinade Schnittlauch in feine Röllchen schneiden

Mit den übrigen Zutaten und 75 ml Garflüssigkeit verrühren

Pikant abschmecken und unter den noch warmen Salat heben

Kalt servieren

Dieser Salat lässt sich wunderbar mit einem frischen Baguette ergänzen.

Gemüsezwiebeln mit raffinierter Füllung

Vorbereitungszeit: 10 Minuten

ca. 450 kcal/ p. P.

Zutaten, für 2 Personen:

100 g Ebly bzw. Zartweizen

50 g geriebener Käse

4 Gemüsezwiebeln

3 Stängel Petersilie

2 Scheiben Kochschinken

1 EL Rapsöl

Pfeffer, Salz, Paprikapulver

Zubereitung:

Gemüsezwiebeln schälen

Auf der Unterseite gerade schneiden und aushöhlen

Das Zwiebelinnere würfeln und in Öl anschwitzen

Ebly nach Packungsanweisung zubereiten

Mit den Zwiebelwürfeln mischen

Schinken in kleine Würfel schneiden und Petersilie zerkleinern

Zusammen mit dem geriebenen Käse unter die Füllung mischen und pikant abschmecken

Die Gemüsezwiebel mit der Masse füllen

In den Dampfaufsatz setzen, den Wasserbehälter mit 400 ml Wasser füllen, bei 600 Watt 25 Minuten garen, 10 Minuten ruhen lassen

TIPP: Der Sud aus dem Dampfgarer lässt sich mit etwas Petersilie und Sahne hervorragend zu einer Sauce verlängern.

Kartoffel-Kürbis-Stampf

Vorbereitungszeit: 15 Minuten

ca. 290 kcal/ p. P.

Zutaten, für 3 Personen:

700 g Kürbis, Hokkaido

300 g Kartoffeln, mehlig kochend

1 Zwiebel, klein

1 Knoblauchzehe

1 EL Butter

100 ml Milch

Pfeffer, Salz, Muskat

Zubereitung:

Kürbis und Kartoffeln schälen und in Stücke schneiden

Im Dampfgarer verteilen, den Wasserbehälter mit 400 ml Wasser füllen, bei 600 Watt 20 Minuten garen, 10 Minuten ruhen lassen

Zwiebel und Knoblauch schälen und zerkleinern

Beides in der Pfanne mit Butter andünsten

Das fertig gegarte Gemüse in einem Mixer pürieren

Heiße Milch zugeben sowie Zwiebeln und Knoblauch unterheben

Mit den Gewürzen kräftig abschmecken

Das Püree bildet eine ausgezeichnete Beilage für Fleisch oder Fisch. Dazu einen Salat reichen.

Gedünstete Artischocke mit Quark

Vorbereitungszeit: 10 Minuten

ca. 250 kcal/ p. P.

Zutaten, für 2 Personen:

1 Artischocke

1 Zitrone

Für den Quark-Dip:

250 g Quark, Magerstufe

50 g Schmand

1 Zwiebel, klein

½ Paprika, rot

½ Bund Petersilie

Pfeffer, Salz, Paprikapulver

Etwas Zucker

Zubereitung:

Als Erstes die härtesten äußeren Blätter der Artischocke entfernen

Den Stiel abbrechen und die harten Blattspitzen abschneiden

Die Blüte aufbiegen und das Heu entfernen

Artischocke mit dem Saft einer halben Zitrone beträufeln um eine Braunfärbung zu verhindern

Die übrige Zitrone in Scheiben schneiden

Artischocke in den Dämpfaufsatz legen und Zitronenscheiben ringsum verteilen

Wasserbehälter mit 400 ml Wasser füllen, bei 600 Watt 25 Minuten garen, 10 Minuten ruhen lassen

Für den Dip die Zwiebel schälen und fein zerkleinern

Paprika und Petersilie ebenfalls fein zerkleinern

Quark und Schmand unterrühren und pikant abschmecken

Pikante Zucchinischiffchen

Vorbereitungszeit: 15 Minuten

ca. 350 kcal/ p. P.

Zutaten, für 2 Personen:

200 g Schafskäse, leicht

2 Zucchini, mittelgroß

1 kleine Paprika, rot

1 kleine Chilischote, rot

2 EL Pinienkerne

1 Rosmarinzweig

Thymian

Zubereitung:

Paprika und Chilischote halbieren und entkernen

Zucchini gut abwaschen, halbieren und etwas aushöhlen

Das Fruchtfleisch der Zucchini, Paprika und Chilischote zerkleinern

Mit zerdrücktem Schafskäse und Pinienkernen vermischen

In die Zucchinihälften geben

Diese in den Dämpfaufsatz setzen

Den Wasserbehälter mit 400 ml Wasser füllen und bei 600 Watt 15 Minuten garen, 10 Minuten ruhen lassen

Nach der Stehzeit servieren

Dazu schmecken am besten gedämpfte Kartoffeln.

Flan aus Kohlrabi und Möhren

Vorbereitungszeit: 15 Minuten

ca. 225 bzw. 170 kcal/ p. P.

Zutaten, für 3-4 Personen:

200 g Kohlrabi

150 g Möhren

125 g Quark

60 g Creme fraîche

20 g Petersilie, frisch (alternativ Tiefkühlprodukt)

60 ml Milch

3 EL Sesam

2 EL Sojasauce

1 Zwiebel

1 Knoblauchzehe

1 Ei

½ TL Salz

Pfeffer

Etwas Butter zum Einfetten

Zubereitung:

Möhren und Kohlrabi schälen und in gleichmäßig grobe Stücke schneiden

In den Dämpfaufsatz geben, den Wasserbehälter mit 400 ml Wasser füllen, bei 600 Watt 12 Minuten garen

Nach 10 Minuten Stehzeit das Gemüse grob pürieren

Zwiebel und Knoblauchzehe schälen und sehr fein hacken

Petersilie ebenfalls fein zerkleinern

Alles zusammen unter die Gemüsemischung rühren

Milch, Creme fraîche, Quark, Ei und Sesam unterheben

Mit Sojasauce, Salz und Pfeffer abschmecken

Die Masse auf etwa 8 bis 10 gefettete Förmchen aufteilen

Die Förmchen in den Dämpfaufsatz stellen

Den Wasserbehälter mit 400 ml Wasser füllen

Bei 600 Watt 15 Minuten garen und 10 Minuten ruhen lassen

Die Förmchen stürzen und servieren

Dazu eignet sich ein Blattsalat mit Tomaten.

Saure Paprika-Bomben

Vorbereitungszeit: 10 Minuten

ca. 300 kcal/ p. P.

Zutaten, für 2 Personen:

3-4 Spitzpaprika

1 kleine Dose Ananas

1 kleine Dose Weinsauerkraut

2 EL Schlagsahne

2 EL Tomatenmark

2 EL Honig

Salz

Pfeffer

Zutaten:

Spitzpaprika entkernen und der Länge nach halbieren

Ananas und Weinsauerkraut abtropfen lassen und zerkleinern

Mit den restlichen Zutaten mischen, abschmecken und in die Paprikahälften füllen

In den Dämpfaufsatz setzen, den Wasserbehälter mit 400 ml Wasser füllen, bei 600 Watt 20 Minuten garen, 10 Minuten ruhen lassen

Nach der Stehzeit heiß servieren

Eine super Beilage zu Fleischbällchen. Schmeckt aber auch wunderbar in Kombination mit Kartoffelpüree.

Zarter Spargel an Kräuterpesto

Vorbereitungszeit: 10 Minuten

ca. 400 kcal/ p. P.

Zutaten, für 2 Personen:

1 kg Spargel

Für die Pesto:

50 ml Olivenöl

25 g Parmesan, gerieben

½ Bund Bärlauch

1 EL Pinienkerne

Pfeffer, Salz

Zubereitung:

Spargel schälen und die Enden abschneiden

In den Dämpfaufsatz geben, Wasserbehälter mit 400 ml Wasser füllen, bei 600 Watt 18 Minuten garen, 10 Minuten ruhen lassen

Bärlauch waschen, trocknen und fein zerkleinern

Pinienkerne fettfrei anrösten und abkühlen lassen

Zusammen mit dem Bärlauch kurz pürieren

Mit Parmesan und Olivenöl zu einer Paste verrühren

Mit Salz und Pfeffer abschmecken

Zum warmen Spargel reichen

TIPP: Spargelreste und die Garflüssigkeit bieten eine sehr gute Grundlage für eine Spargelsuppe.

Aromatischer Fruchtsalat

Vorbereitungszeit: 15 Minuten

ca. 230 kcal/ p. P.

Zutaten, für 4 Personen:

300 g Knollensellerie

150 g Ananas, frisch

2 Äpfel, säuerlich

Für die Marinade:

100 g Trauben, kernlos

50 g Walnüsse

4 EL Naturjoghurt

1 EL Olivenöl

1 TL Honig

1 TL Walnussöl

½ Bund Petersilie

½ Zitrone

Pfeffer, Salz

Zubereitung:

Sellerie schälen und in feine Streifen schneiden

Im Dämpfaufsatz verteilen, Wasserbehälter mit 400 ml Wasser füllen, bei 800 Watt 7 Minuten garen, 5 Minuten ruhen lassen

Sellerie aus dem Dämpfaufsatz entnehmen, die Garflüssigkeit nicht wegschütten

Äpfel und Ananas schälen und klein würfeln

Beides in den Dämpfaufsatz geben, die noch heiße Garflüssigkeit wird wieder verwendet

bei 800 Watt 2-3 Minuten garen, 5 Minuten ruhen lassen

Zwischenzeitlich die Zitrone auspressen,

Petersilie waschen, trocknen, abzupfen und zerkleinern

Die übrigen Zutaten für die Marinade zugeben und gut miteinander mischen

Mit Salz und Pfeffer abschmecken

Marinade unter den Salat mischen und ca. 1 Stunde kaltstellen

Walnüsse fettfrei anrösten

Zusammen mit den Trauben unter den Salat heben

Dazu schmeckt ein frisches Baguette oder Ciabatta.

Tofu-Gemüse

Vorbereitungszeit: 15 Minuten

ca. 240 kcal/ p. P.

Zutaten, für 4 Personen:

500 g gemischtes Gemüse (z.B. Paprika, Möhren, Zucchini, Kohlrabi, Fenchel, Frühlingszwiebeln)

400 g Tofu

Für die Vinaigrette:

200 ml Gemüsebrühe

2 EL Reisweinessig

2 EL Olivenöl

1,5 EL Sesamöl

1 Chilischote

1 Schalotte

1 Knoblauchzehe

½ Bund Schnittlauch

Pfeffer, Salz, Zucker

Zubereitung:

Gemüse waschen und in mundgerechte Stücke schneiden

In den Dämpfaufsatz legen, den Wasserbehälter mit 400 ml Wasser füllen, bei 600 Watt je nach Gemüse ca. 10 bis 15 Minuten garen, 10 Minuten ruhen lassen

Für die Vinaigrette Chilischote entkernen

Schalotte, Knoblauchzehe, Schnittlauch und Chilischote fein zerkleinern

Mit Gemüsebrühe, Reisweinessig, Olivenöl und Sesamöl mischen

Mit Zucker, Salz und Pfeffer abschmecken

Tofu in ca. 1 bis 1,5 cm dicke Scheiben schneiden und etwas auspressen (z.B. zwischen zwei beschwerten Schneidebrettchen)

Von beiden Scheiben goldgelb anbraten

Gemüse und Tofu auf einer Platte anrichten und mit der Vinaigrette servieren

TIPP: Wegen den unterschiedlichen Garzeiten der verschiedenen Gemüsesorten das Gemüse mit der kürzeren Garzeit in etwas größere Stücke schneiden.

SPINAT-KLÖßE

Vorbereitungszeit: 20 Minuten

ca. 500 kcal/ p. P.

Zutaten, für 4 Personen:

750 g Kartoffelkloßteig (aus dem Kühlregal)

450 g Blattspinat (tiefgekühlt)

300 g Hackfleisch, mager (max. 10% Fett)

2 Zwiebeln

1 Knoblauchzehe

1 EI

Pfeffer, Salz, Muskat

Für die Sauce:

2 EL Butter

2 EL Mehl

Zubereitung:

Zwiebeln und Knoblauchzehe fein zerkleinern

Den aufgetauten Blattspinat gut ausdrücken

Eine Hälfte von Spinat, Zwiebeln und Knoblauch zum Kloßteig und die andere Hälfte zum Hackfleisch geben

Ei zum Hackfleisch hinzufügen

Kloßteig und Hackfleisch mit Pfeffer, Salz und etwas Muskat würzen

Aus dem Hackfleischteig kleine Klöße und aus dem Kloßteig Knödel formen

Hackfleischklöße und Spinatknödel in den Dämpfaufsatz legen

Den Wasserbehälter mit 400 ml Wasser füllen, bei 600 Watt 25 Minuten garen, 10 Minuten ruhen lassen

Für die Sauce in einem Topf die Butter schmelzen

Mehl zugeben und anschwitzen

300 ml der Garflüssigkeit aus dem Garbehälter entnehmen und in den Topf geben

Gut verrühren und ca. 4 Minuten aufkochen lassen, zwischendurch umrühren

Beide Sorten Spinatklöße mit der Sauce servieren

GEMÜSE-CHINAKOHL-WICKEL

Vorbereitungszeit: 15 Minuten

ca. 220 kcal/ p. P.

Zutaten, für 2 Personen:

250 g Möhren

150 g Tofu

6-8 Chinakohlblätter

2 Knoblauchzehen

1 Zwiebel, rot

2 EL Sesam

2 EL Sojasauce

1 Ei

Pfeffer, Salz

Zubereitung:

Chinakohl waschen, dicke Blattrippen flach schneiden

Möhren schälen und Juliennestreifen herstellen

Zwiebel zerkleinern und Knoblauch pressen

Tofu mit Gemüse, Sesam, Sojasauce und Ei fein zerkleinern

Mit Salz und Pfeffer würzen

Füllung auf der Mitte der Kohlblätter verteilen

Blätter zu Päckchen falten

Mit der Nahtstelle nach unten in den Dämpfaufsatz legen, Wasserbehälter mit 400 ml Wasser füllen, bei 600 Watt 15 Minuten garen, 10 Minuten ruhen lassen

Dazu passt ein knackiger Möhrensalat.

HERZHAFT GEFESSELTE BOHNEN

Vorbereitungszeit: 10 Minuten

ca. 120 kcal/ p. P.

Zutaten, für 2 Personen:

300 g Brechbohnen

4-6 Scheiben Frühstücksspeck

Pfeffer, Salz

Bohnenkraut nach Belieben

Zubereitung:

Bohnen waschen und abtropfen lassen

Jeweils einige Bohnen mit einer Scheibe Frühstücksspeck umwickeln

Mit etwas Bohnenkraut in den Dämpfaufsatz legen

Den Wasserbehälter mit 400 ml Wasser füllen, bei 600 Watt 12 Minuten garen, 10 Minuten ruhen lassen

Nach der Stehzeit würzen und als Beilage servieren

Die Bohnenwickel eignen sich als Beilage für vielerlei herzhafte Gerichte, wie z.B. Braten oder Steaks.

Rote-Beete-Salat

Vorbereitungszeit: 15 Minuten

ca. 190 kcal/ p. P.

Zutaten, für 4 Personen:

300 g Rote Beete

250 g Feldsalat

250 g Mozarella, leicht (2 Kugeln)

3 EL Olivenöl

3 EL Balsamico

2 EL Wasser

½ TL Zucker

Salz, Pfeffer

Zubereitung:

Rote Beete waschen und in den Dampfaufsatz geben

Den Wasserbehälter mit 400 ml Wasser füllen, die Rote Beete bei 600 Watt 30 Minuten garen, 10 Minuten ruhen lassen

Nach der Stehzeit die Rote Beete schälen, abkühlen lassen

Rote Beete und Mozzarella in Scheiben schneiden

Abwechselnd auf Tellern anrichten

Feldsalat waschen, trocknen und auf den Tellern verteilen

Aus Olivenöl, Essig, Wasser, Zucker, Salz und Pfeffer ein kräftiges Dressing erstellen

Dressing über Feldsalat, Mozzarella und Rote Beete geben

Zu diesem Salat eignet sich ein frisches Brot oder Baguette. Allerdings auch ohne weitere Beilage ein echter Sattmacher mit wenig Kalorien!

Hokkaido-Eintopf

Vorbereitungszeit: 15 Minuten

ca. 400 kcal/ p. P.

Zutaten, für 2 Personen:

100-200 g Tofu

160 ml Kokosmilch

2 Knoblauchzehen

1 Hokkaidokürbis, klein (maximal 500 g)

1 Zwiebel, klein

1 Stück Ingwer (5-10 g)

1 Chilischote, rot

½ kleine Mango

3 TL Gemüsebrühe

1-2 TL Curry

Zubereitung:

Kürbis gut abwaschen, den Deckel abschneiden und entkernen

Kürbis etwas aushöhlen und das Fruchtfleisch fein zerkleinern

Mango ebenfalls in feine Stücke schneiden

Zwiebel, Knoblauch und den geschälten Ingwer zerkleinern

Chilischote waschen und in Ringe schneiden

Tofu etwas abtropfen lassen und in Stücke schneiden

Alle Zutaten miteinander vermischen und in etwas Öl anbraten

Mischung in den ausgehöhlten Kürbis geben

Kokosmilch mit Currypulver und Gemüsebrühe vermischen und auf die Füllung geben

Kürbis in den Dämpfaufsatz setzen – Achtung: Der Deckel des Dampfgarers muss dicht schließen

Den Wasserbehälter mit 400 ml Wasser füllen, bei 600 Watt 30 Minuten garen, 10 Minuten ruhen lassen

Nach der Stehzeit im Ganzen servieren

Dazu eignet sich als Beilage Reis oder Bulgur.

Orangen-Fenchel-Salat

Vorbereitungszeit: 10 Minuten

ca. 370 kcal/p. P.

Zutaten, für 2 Personen:

3 Orangen

2 Fenchelknollen

Für das Salatdressing:

1 Orange

80 g Frischkäse

2 EL Distelöl

2 TL Zitronensaft

2 TL Zucker

Pfeffer, Salz

Zubereitung:

Fenchel waschen und den harten Strunk entfernen

Fenchel in dünne Scheiben hobeln

Fenchel im Dämpfeinsatz verteilen, den Wasserbehälter mit 400 ml Wasser füllen, bei 600 Watt 10 Minuten garen, 10 Minuten ruhen lassen

Von den 3 Orangen die Schale abschneiden, sodass die weiße Haut entfernt ist

Orangen filetieren oder in Stücke schneiden

Für das Salatdressing die Orange auspressen und mit den anderen Zutaten vermischen

Nach der Stehzeit den Fenchel etwas abkühlen lassen

Fenchel mit Orangenstücken mischen

Mit dem Dressing übergießen – et voila

Impressum

Nora Winter

Mathildestraße 6

01069 Dresden

9584791R00042

Printed in Germany
by Amazon Distribution
GmbH, Leipzig